AUX ÉLECTEURS DE LA HAUTE-LOIRE

LA POLITIQUE

DE

NOS DEUX DÉPUTÉS

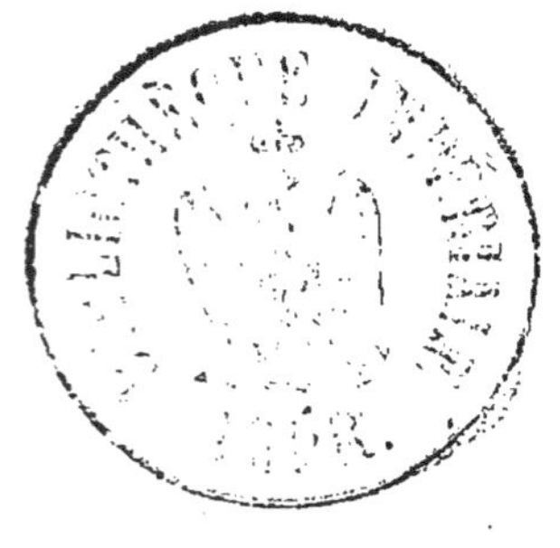

PARIS

ARMAND LE CHEVALIER, ÉDITEUR

61, RUE RICHELIEU, 61

1868

AVANT-PROPOS

—

Malgré les récentes déclarations du gouvernement relatives à la non-dissolution de la Chambre, nous persistons à croire terminées les sessions de cette haute assemblée. Nous avons été trop de fois surpris par les brusques décisions administratives pour que le pays ne se prépare pas à de nouvelles élections.

Considérons donc comme expiré le mandat de nos deux députés, et jetons, c'est notre droit, un juste et triste regard sur la manière dont ce mandat a été rempli.

Consciencieux, nous l'espérons du moins, les votes de nos deux représentants, s'ils manquent de variété, ne sont pas exempts de gravité et de péril.

Candidats officiels, ils ont tenu tout ce qu'ils avaient promis.

Pour le prouver, mettons sous les yeux du pays, non la série entière de leurs votes, mais les plus importants, ceux qui caractérisent bien la complaisance ou le dévouement de ces dépositaires des volontés nationales.

Les électeurs verront alors s'ils doivent donner encore leurs voix à des candidats officiels ;

Quelle que soit la valeur de nos appréciations, il est inutile, nous le pensons, de dire qu'elles ne renfermeront aucune personnalité privée.

Commençons !

I

LIBERTÉS INTÉRIEURES

De 1852 à 1868, le gouvernement a paru vouloir à diverses reprises modifier le système proclamé comme la base inébranlable de la Constitution de 1852. Ce système plaçait entre les mains du chef de l'État la direction absolue des affaires et prétendait soustraire sa liberté d'action au contrôle des chambres, délivrées elles-mêmes *des vaines interpellations, des accusations frivoles, des luttes passionnées qui absorbaient autrefois inutilement leur temps.* (Préambule de la Constitution.)

De 1852 à 1860, ce n'est pour ainsi dire que par surprise, à l'occasion du budget ou d'incidents accidentels, que le Corps législatif fait invasion dans la politique.

A partir de 1860, on lui permet de discuter une adresse. Alors une véritable publicité succède au compte rendu informe et décoloré des premières années ; le Corps législatif prend un peu plus de place dans l'État

En 1867, la lettre du 19 janvier, qui doit, dit-on, nous apporter le couronnement de l'édifice, ne nous promet qu'un régime moins arbitraire pour la presse et quelque liberté de réunion, mais elle enlève au Corps législatif toute apparence d'initiative en supprimant le droit d'adresse qu'est loin de remplacer le droit d'interpellation *sagement réglementé...*

C'est tout ce que le pays venait de gagner.

Le Corps législatif a-t-il jamais demandé la moindre extension de ses prérogatives? Est-il allé au-devant des concessions impériales, même lorsque l'Empereur a voulu lui donner une plus large part à la direction des affaires, ou le droit d'exercer sur la politique intérieure et extérieure un contrôle *dont il reconnaissait lui-même la nécessité?* (Paroles de l'Empereur rapportées par M. de Morny à la session de 1861.)

Le Corps législatif a-t-il du moins, alors qu'il ne s'agissait plus de ses propres prérogatives, mais de celles de la nation, réclamé quelque liberté nouvelle et n'a-t-il pas repoussé par anticipation celles mêmes que le gouvernement a bien voulu plus tard concéder?

Voici la réponse :

En 1861, lorsque le Corps législatif discute la première adresse, l'opposition présente un amendement ayant pour but *d'abroger la loi de sûreté générale et toutes les lois d'exception, de rendre la vie au pouvoir municipal, et au suffrage universel sa force, par la sincérité des opérations et le respect de la loi.*

En 1862, nouvel amendement ayant le même but et réclamant l'élection des maires par les conseils municipaux, le droit de réunion, la liberté de la presse. Chaque année, l'opposition formule les mêmes vœux, chaque année *la majorité les repousse.*

Est-il besoin de dire quels étaient les votes de nos deux députés?

En 1866, le Corps législatif use pour la dernière fois du droit d'adresse. L'opposition renouvelle son amendement sur les libertés intérieures, il n'est soutenu que par dix-sept voix.

Mais le tiers-parti (des députés d'un dévouement incontesté) présente un programme de libertés politiques qui n'était pas fait pour effrayer le pays et que ses auteurs présentaient comme le développement du décret du 24 novembre 1860.

Ils demandaient le droit d'interpellation s'exerçant concurremment avec celui d'adresse, la présence des ministres devant le Corps législatif, la presse soustraite à l'arbitraire et replacée sous le régime du droit commun, le droit de réunion entouré de toutes les garanties possibles d'ordre public. Attention !

61 voix adoptent ce programme, 202 le rejettent.

MM. DE LATOUR-MAUBOURG et DE ROMEUF comptent parmi les 202. (*Séance du* 19 *mars* 1866.)

Et cependant, moins d'un an après, le gouvernement sent la nécessité d'adopter au moins une partie de ce programme.

Tel est l'ensemble de la politique du Corps législatif à l'égard des libertés françaises. En voici des applications particulières.

II

LOI DE SURETÉ GÉNÉRALE

Cette loi présentée à la suite de l'attentat d'Orsini est adoptée (27 février 1858) malgré 24 *voix de minorité* dans une assemblée qui ne comptait que *deux députés* de l'opposition. Cette loi crée des catégories de suspects mis à la disposition du gouvernement jusqu'en 1865, 31 mars. De plus, elle invente un nouqeau délit dont la définition est des plus vagues, délit qui consiste dans l'entretien d'intelligences à l'intérieur ou à l'extérieur dans le but de troubler la paix publique ou d'exciter à la haine et au mépris du gouvernement de l'empereur. Cette aimable, mais obscure disposition est la seule qui reste encore en vigueur, en grande vigueur.

M. de Romeuf et M. de Maubourg ont-ils voté cette loi *terrible?* — OUI.

Il est encore à remarquer que cette loi fut rendue après la création des grands commandements militaires, mesure empruntée à d'autres époques, comme s'il s'agissait de repousser quelque violente attaque des factions; mais ces commandements aujourd'hui n'ont plus leur raison d'être et ne se justifient plus... excepté par la nécessité de créer de grandes positions à quelques chefs d'armée, objets de hautes préférences.

En 1858, et lors du vote de la loi de sûreté générale, le Corps législatif venait de voter 1,200,000 fr.

de dépenses secrètes. Le général Espinasse, dont le nom ornait le souvenir du 2 décembre, venait d'être nommé ministre de *l'intérieur et de la sûreté générale.* C'était le moment aussi de nouvelles transportations, sans jugement, en Algérie.

Quel a été le vote de nos deux députés sur cette dernière loi? Ne le devine-t-on pas?

Depuis 1861, chaque année, à la discussion de l'adresse, la minorité demande l'abrogation de cette terrible loi de sûreté générale, tout au moins en ce qui concerne l'arbitraire laissé au gouvernement. La majorité refuse chaque année.

MM. de Latour-Maubourg et de Romeuf répondent par un NON à la proposition d'abrogation.

III

DÉCENTRALISATION. — ORGANISATION MUNICIPALE

En 1855, le gouvernement fait voter par le Corps législatif une première loi sur l'organisation municipale. C'est la consécration *des réformes* de 1852, c'est-à-dire la liberté surveillée, tempérée, réprimée et comprimée par l'autorité supérieure.

En effet, contrairement au système de 1848, les maires vont recevoir leur nomination de l'empereur ou du préfet. Contrairement à ce qui se pratiquait depuis plus longtemps encore, ils vont pouvoir être pris en dehors du conseil municipal. Ils auront voix prépondérante en cas de partage dans le sein du conseil : prérogative exorbitante surtout quand le maire n'est pas membre élu de ce conseil et n'y prend place que par le choix du gouvernement.

Cette loi, très-remarquable aussi, fut votée à l'unanimité moins sept voix, dont ne faisaient pas partie celles de nos deux députés. — Cela va sans dire.

A diverses reprises, l'opposition demande, lors de la discussion de l'adresse, des modifications à cette loi, modifications qui tendent à une véritable décentralisation, c'est-à-dire à une extension des droits du pouvoir émanant directement du suffrage des citoyens, et non à l'extension des droits des préfets ou des maires, tant que ceux-ci seront les serviles agents du préfet. (20 janvier 1864.)

Le 6 avril 1865, nouvelle proposition essayant de restreindre le choix des maires parmi les membres des conseils municipaux.

La sagesse élémentaire de ces propositions devait les faire accepter. — Elles sont rejetées par la majorité et par MM. de Maubourg et de Romeuf avec elle.

Le 6 mars 1866, après les élections municipales, l'opposition se plaint que, malgré les promesses du gouvernement, un grand nombre de maires ont encore été choisis en dehors des conseils (exemple : le deuxième adjoint du Puy). La majorité et MM. de Maubourg et de Romeuf repoussent l'amendement à l'adresse, proposé sur cet objet.

Enfin le gouvernement présente une nouvelle loi municipale. Cette loi étend dans une certaine mesure le droit d'initiative des membres du conseil municipal ; mais immédiatement vient le correctif : l'administration conserve sur les délibérations des conseils un droit de *veto* absolu, en sorte que les délibérations des conseils municipaux et rien c'est la même chose.

12 avril 1867. Les conseils municipaux seront-ils désormais élus pour sept ans?

M. de Romeuf : Oui. — M. de Maubourg n'a pas pris part au vote.

Cette modification à la loi de 1855 avait cependant l'inconvénient de ne plus faire coïncider les élections des conseils avec celles des maires, qui n'est faite que pour cinq années, et de soustraire pour trop longtemps les conseils électifs au contrôle des électeurs... Qu'importe!

En cas de dissolution du conseil municipal, le gouvernement conserve le droit de faire administrer, pendant trois ans, la commune par une commission municipale (art. 22 de la loi). MM. Pelletan, Bethmont, etc., proposent de rendre de nouvelles élections obligatoires.

78 voix adoptent cet amendement. (*Séance du 13 avril.*)

M. de Maubourg n'a pas pris part au vote, mais M. de Romeuf a voté *contre* l'amendement.

Enfin n'aurait-il pas été à désirer qu'on érigeât en principe non la publicité des séances, mais au moins la publicité des procès-verbaux des séances et des comptes du maire? N'est-ce pas là le véritable contrôle en matière d'administration municipale? Les administrations nouvelles le savent bien dans leur désir de popularité, mais elles l'oublient vite, n'est-ce pas, Monsieur le maire du Puy, qui, depuis plus d'un an, n'avez rien publié de semblable? Il est vrai que vous avez publié autre chose...

IV

LIBERTÉ DE LA PRESSE

Le Corps législatif avait déjà, dans les discussions de l'adresse, manifesté ses tendances conservatrices en matière de presse. Le gouvernement* croit cependant devoir céder en partie aux vœux de la minorité, et en 1868 la chambre discute et vote la loi qui lui a été présentée à la suite des promesses du 19 janvier.

La majorité adopte le principe de l'autorisation préalable ; il faut tous les efforts du gouvernement, M. Rouher s'en souvient bien, pour déterminer l'adoption de l'article 1er, celui qui véritablement contient l'abandon du système de 1852. *La majorité cède*, à l'exception des *Sept Sages*, et quatre-vingts ans après la Révolution, il est reconnu qu'on peut fonder un journal sans la permission du gouvernement.

Mais la majorité se montre bien décidée à borner là ses concessions.

Le 22 février, amendement de MM. de Janzé, Richard, etc. : « Quand un journal aura inséré dans l'un de ses numéros le compte rendu officiel d'une séance du Sénat ou du Corps législatif, pourra-t-il citer en partie, analyser, apprécier et discuter les discours, sans que ces citations, appréciations, etc., puissent être assimilées à un compte rendu interdit? »

151 voix contre, 68 pour. — M. de Latour-Maubourg en congé. — M. de Romeuf : NON, avec les 151.

Le Corps législatif introduit même un nouveau délit en matière de presse, celui d'allégation, de quelque nature qu'elle soit, relative à la vie privée (6 mars).

104 contre, 136 pour. — M. de Maubourg en congé. — M. de Romeuf *pour*.

Le projet de loi permettait de priver de leurs droits électoraux pendant cinq ans les écrivains déjà condamnés (art. 12 du projet). Il est dommage que cet article n'ait été soutenu que par 72 voix; il a été rejeté. (*Séance du 7 août.*)

La plus grave des questions soulevées par cette discussion est celle de la juridiction qui doit connaître des délits de presse.

M. Jules Favre et ses amis demandaient le jury. 35 voix seulement contre 199 adoptent leur amendement. (*Séance du 8 février.*)

M. de Romeuf vote contre. — M. de Maubourg est en congé.

Tout au moins ne pouvait-on pas enlever au procureur impérial et au président de chaque tribunal le droit de désigner chaque année ceux des juges qui composeraient les chambres correctionnelles, et adopter la proposition Berryer qui voulait y substituer le rôle de présidence par tirage au sort? (*Séance du 14 février.*)

48 voix pour, 175 contre. — M. de Maubourg en congé; M. de Romeuf *contre*.

Les fonctionnaires en France sont si largement protégés, qu'il est impossible de leur demander cinq centimes de dommages-intérêts pour un fait relatif à leurs fonctions sans une autorisation du conseil d'Etat. Un grand nombre de députés du tiers-parti (M. Gœrget autres) proposaient de permettre d'apporter la preuve des faits prétendus diffamatoires dans tout procès en diffamation concernant un fonctionnaire ou un administrateur de grande compagnie financière.

194 voix contre 44 repoussent l'amendement. — M. de Maubourg *en congé*. — M. de Romeuf CONTRE.

Les annonces judiciaires servent entre les mains de l'administration pour subventionner la presse officieuse.

MM. Brame, de Chambrun, etc., voulaient que le public portât les annonces qu'il paye, au journal qui lui conviendrait.

Non! non! s'écrie M. de Romeuf. — M. de Maubourg est absent par congé.

125 voix contre 101 repoussent cette proposition (17 février).

V

LOI SUR LES RÉUNIONS PUBLIQUES

16 mars 1868. Adoption de l'article 2 relatif aux formalités nombreuses et compliquées qui entravent l'exercice de ce droit, même lorsqu'il s'agit de réunions non politiques.

M. de Maubourg est absent par congé. — M. de Romeuf vote *pour*.

L'article 6 met la réunion à peu près à la discrétion du fonctionnaire chargé d'y assister.

M. de Maubourg est absent; mais M. de Romeuf vote *pour*.

Amendement de **M.** de Tillancourt pour autoriser les réunions durant la période électorale lors des élections des conseils généraux.

M. de Maubourg en congé. — M. de Romeuf: NON.

VI

FINANCES

Résumé des votes en matière de finances :
LE CORPS LÉGISLATIF A TOUT ACCORDÉ.
Excellent caractère?
Depuis 1852 jusqu'en 1868, le gouvernement a retiré des emprunts de toute nature, des aliénations, des créances, des forêts, des chemins de fer, des indemnités chinoise, cochinchinoise, japonaise, etc., 4 milliards 322 millions.
Cette somme représente ce qui a été dépensé par le gouvernement, sans compter le produit naturel de l'impôt.
L'accroissement des dettes et charges de l'Etat pendant la même période est de 257 millions d'annuités à payer.
Les avertissements n'ont pas manqué au pouvoir et à la chambre.

Chaque année le budget est présenté pour l'année suivante en équilibre, mais chaque année il se solde par un découvert.

Cette énumération nous montre toute l'étendue des ressources financières de la France, mais pourtant, quelle que fût l'origine des découverts, quelque légitimes que fussent les dépenses, il était prudent de ne plus les augmenter.

Chaque année le budget des dépenses de toute nature est de 2 milliards 200 millions au moins. Les recettes assurées ne s'élèvent pas à 2 milliards; la différence ne peut donc être soldée que par des emprunts, car on ne peut plus y pourvoir par les annuités du Mexique, qui viennent de grever encore la dette publique d'une nouvelle annuité de 4 millions pour le remboursement des obligations.

Relevons aussi pour mémoire cette loi de 1856, qui autorise le gouvernement à accorder par simple décret et sans intervention du Corps législatif des pensions pouvant atteindre 20,000 francs aux grands fonctionnaires, aux maréchaux et amiraux, ou à leurs veuves et à leurs enfants.

VII

AGRICULTURE

Le 12 mars 1866, MM. Jules Favre, Bethmont, etc., présentent un amendement ainsi conçu au projet d'adresse :

« Dès à présent il faut reconnaître que l'agriculture est en droit de réclamer le dégrèvement des droits de mutation, la diminution du contingent et le ralentissement des travaux stériles qui détournent du sol tant de bras, tant de capitaux, qui lui sont indispensables. »

Ont voté CONTRE cet amendement, qui contenait le véritable programme de l'enquête agricole, alors annoncée : 223 voix, parmi lesquelles *celles* de MM. de Maubourg et de Romeuf.

Amendement au projet d'adresse relatif au mode à suivre dans l'enquête agricole et tendant à y faire intervenir d'une manière légale et régulière les assemblées électives (13 mars 1866).

Ont voté *contre* : MM. de Maubourg et de Romeuf.

VIII

INSTRUCTION PUBLIQUE

Le 9 avril 1865, après la publication au *Moniteur* d'un rapport célèbre de M. Duruy. rapport désavoué par le gouvernement qui en laisse la charge à la responsabilité personnelle du ministre, l'opposition exprime le vœu de voir l'instruction primaire rendue publique et obligatoire.

MM. de Maubourg et Romeuf repoussent ce vœu et votent *contre*.

IX

LOIS MILITAIRES

En 1855 le gouvernement fait voter une loi qui supprime le remplacement militaire et lui substitue l'exonération.

204 voix contre 46 l'adoptent dans la séance du 28 avril 1855. Cette loi fut vivement combattue par M. de Montalembert et autres. Le gouvernement s'est convaincu sans doute des critiques dont le système de l'exonération avait été l'objet, puisque, de l'avis des militaires les plus compétents, il y a renoncé par la nouvelle loi de 1868.

Cependant l'exonération n'a pas été sans avantages pour lui, puisque la caisse de dotation de l'armée s'est trouvée en quelques années à la tête d'un capital énorme provenant de l'excédant de ses recettes sur ses charges, et que le gouvernement, en consolidant ce capital en rentes sur l'Etat, a trouvé le moyen de contracter sans bruit d'énormes emprunts qui s'élèvent à plus de 200 millions. C'est ainsi que la caisse de l'exonération a reçu en onze ans 703 millions, tandis qu'elle n'a dépensé que 357 millions. Ceci ne serait pas arrivé, et par conséquent les contribuables n'auraient pas eu à supporter un aussi lourd fardeau, si le taux de l'exonération avait été maintenu dans de justes limites, et probablement si on eût laissé au Corps législatif le droit d'en voter le chiffre chaque année, au lieu d'en abandonner la faculté au ministre de la guerre. Une proposition en ce sens avait été faite par la commission chargée d'examiner la loi : le gouvernement la repoussa obstinément ; grâce au système ingénieux dans lequel était alors enfermé le droit d'amendement, il fallait tout adopter ou tout rejeter.

Le Corps législatif adopta TOUT.

A partir de 1857 le contingent annuel est invariablement fixé au minimum de cent mille hommes.

Chaque année l'opposition demande qu'on revienne au chiffre de quatre-vingt mille hommes, qui était celui du gouvernement de Juillet et de la République ; avant comme après la nouvelle réorganisation de l'armée, on se rit des efforts de l'opposition. Et cependant, lorsque les conséquences des expéditions lointaines commencent à se laisser entrevoir, la chambre ne devait-elle pas se prémunir contre les trop faciles entraînements du pouvoir à entreprendre de nouvelles guerres ? Mais le zèle est aveugle, et la robuste phalange de nos législateurs officiels a-t-elle une seule fois, depuis 1852, été touchée par les vœux du pays ou émue des blessures de l'opinion ? Nous allons voir.

En 1868, en pleine paix, le gouvernement propose une nouvelle organisation militaire. Il ose demander à la chambre que les contingents soient mis pendant neuf ans à la disposition de l'Etat, et en outre pendant cinq ans le droit de retenir dans la garde nationale mobile tout ce qui n'est pas soldat. Proposer une telle loi sans que la patrie fût en danger, cela semblait inouï. Eh bien, cette loi a été discutée, votée par deux cents députés français. Ce ne fut qu'un cri d'étonnement et de douleur de l'Algérie jusqu'à Dunkerque, un cri dont le pays conserve encore le frisson, car, s'il ne comprend pas la nécessité de cette loi exorbitante, il comprend bien ce qu'elle contient de terrible.

X

Si nous voulions suivre encore du regard ce sombre tableau de nos libertés intérieures, nous aurions pu montrer la capitale changée malgré elle en un gouffre où s'abîment les milliards. Le suffrage universel a nettement, éloquemment protesté. Quel compte en a-t-on tenu? Aucun! Le mal a redoublé! A toutes les élections parisiennes qui disaient à l'opposition : Proteste, proteste toujours! a répondu le bruit prolongé de la sape et du marteau. Jamais peut-être dialogue plus grandiose et plus navrant ne s'était établi entre le despotisme, froid et impassible, et l'indignation croissante des citoyens. A la face l'un de l'autre, se mesurant du regard, ils ont accumulé les preuves de cette vérité : que le droit et la violence n'ont que de rares rencontres, et que la patience politique, si elle est une vertu, est en même temps un martyre!

Le préfet de la Seine, instrument du pouvoir et dédaigneux comme lui de notre volonté, a joint son ironie à l'audace de ses actes; il se raille du peuple souverain, il le nie, faisant appel à la postérite, qui lui répondra et retiendra son nom, nous en avons la ferme assurance! — Que lui parlez-vous d'habitants, de citoyens? il n'en connaît pas! il vous jette hors de vos maisons : donc vous devenez des vagabonds! il rase votre ville : vous voilà des nomades! Préfet de Paris, il consent à l'être, mais il veut que sa ville n'existe qu'à l'état de construction. Il s'inquiète bien de vous, vraiment! il est le magistrat de nos descendants; la postérité, voilà son juge! — Oui, certes, et un juge accablant!

Mais que nous importe la capitale, M. Haussmann et son œuvre insensée, diront les provinces. Ah! prenez garde, vous, cités anciennes qui conservez comme de glorieuses reliques les vestiges de votre passé; familles qui vénérez les murs où ont vécu vos ancêtres; prenez garde, cet homme est de la grande école et il fait des élèves. Demandez à Lyon, à Toulouse, à cent villes, ce que sont devenus la maison, la rue, le quartier où on est né? Vous verrez ce qu'elles répondront. Et toi même, chère vieille ville du Puy, prends patience et ne te figure pas qu'Haussmann n'opère qu'à Paris. Si ton conseil municipal n'y prend garde, tu vas à ton tour jouir du bienfait des démolitions et de l'expropriation en permanence! Mais tu verras aussi le chiffre de ta dette! L'alignement bête va devenir ta règle et tu ne posséderas que par hasard.

Eh bien, disons-le : ce renversement du sens commun, cette raison à rebours, vingt fois le Corps législatif a pu en arrêter les effets, vingt fois la cause de l'évidence a été plaidée devant lui : vingt fois les satisfaits ont détourné les yeux de ce fléau qu'ils refusaient de voir.

Ils ont dit au suffrage universel : Tu peux créer le souverain, désigner le législateur, mais tu es incapable de choisir à Paris et à Lyon un conseiller municipal! Tu es le créateur fécond qui met César sur son trône; quand il y est, tu n'es plus qu'un eunuque! Tu es un tout-puissant impuissant! Tu peux faire tressaillir l'Europe par tes votes, déléguer ta capacité politique à des orateurs que le monde écoute, mais pour ton toit et ta rue, tu n'y vois plus clair et tu es sourd..... Va te coucher! .

Voilà ce que pensent nos deux députés de l'électeur parisien et lyonnais.

Que pensent-ils de nous?

XI

Que pensent-ils de nos libertés communales ? S'il est une liberté qui, fondée comme toutes les autres sur le droit naturel et imprescriptible, ait encore de profondes et glorieuses racines dans le passé ; qui se soit imposée à la barbarie féodale, qui ait traversé intacte, de saint Louis à Richelieu, les ténèbres de la monarchie ; qui se soit rajeunie dans les eaux régénératrices de la Révolution, c'est à coup sûr la liberté communale, le droit pour nous de choisir nos conseillers municipaux, de désigner notre maire, représentant de l'indépendance locale contre la centralisation administrative. Eh bien, ce droit antique, ceux qui nous gouvernent l'ont-ils respecté ? Ah ! nous vivons dans une époque où les faits les plus audacieux sont possibles ! Un jour, un homme dont l'implacable histoire se souviendra, M. Billault, est venu déclarer à la face du pays que ce n'était pas à la commune, mais au pouvoir, de désigner les maires, ces dépositaires de nos intérêts les plus directs, les plus immédiats, les plus spéciaux ; que ce n'était pas même dans le sein du conseil municipal, mais hors de cette assemblée, que le pouvoir prétendait les choisir comme il lui conviendrait, et malgré l'électeur ; et nous avons vu le Corps législatif accepter fort bien cette négation sans pudeur du suffrage urbain ! Et nous l'avons vu sans étonnement, habitués que nous étions à tout attendre.

XII

Mais de mauvais jours sont venus! L'Italie, commencée, puis abandonnée par nous, s'est achevée sans nous et même contre nous; le gouvernement issu de décembre s'est à demi brouillé avec le clergé, *son ancien comparse;* quelques voix généreuses se sont mises à parler de liberté; des oscillations aussitôt se sont fait sentir dans cet édifice, qui n'avait pourtant pas encore son couronnement. — La formidable unité de l'Allemagne, préparée par nos intrigues diplomatiques, s'est faite contre nous, toujours contre nous! L'avocat officiel est venu nous parler de « *ses angoisses patriotiques.* » Etait-ce un aveu, un repentir de ces triomphants *dénis de justice* dont on nous avait accablés? Allait-on nous restituer nos libertés si longtemps détenues? Non, ce n'était qu'un artifice oratoire pour nous arracher douze cent mille hommes! Quant aux libertés communales, aux libertés politiques, nous les attendons encore. On ne renonce pas si vite, il paraît, à être satisfait de soi-même ou dégrisé de son omnipotence! Je me trompe, un ministre, — je ne sais plus lequel, qu'importe? n'est-ce pas toujours la même voix? — un ministre a promis de prendre les maires et les adjoints dans le conseil municipal! Nous avons vu comment nos maîtres ont tenu parole! Ah! si elles parlaient, les communes urbaines et rurales qui ne sont pas régies par un de leurs mandataires, quelles clameurs n'entendrions-nous pas?

Cependant nos deux députés ont tout approuvé, tout! tout! Nos députés? pouvons-nous dire qu'ils soient nôtres? Candidats officiels, appuyés par l'administration, ils sont les candidats du gouvernement de l'empereur, ils ne sont pas les nôtres. Après tout, ne cherchons pas l'origine de leur mandat; examinons comment ils s'en sont acquittés; nous l'avons vu tout à l'heure, en parcourant la monotone énumération de leurs votes. Leurs votes! un éternel assentiment. *Oui* ou *non*. Comme le maître. M. de Lavalette se réjouit de l'unité allemande; nos députés disent: Très-bien! Le maréchal Niel s'en effraye et nous demande contre elle tout notre sang et tout notre argent; ils disent que c'est encore mieux. L'empereur s'essaye à prononcer le *mot* de liberté; ils approuvent. M. Rouher, pour reprendre ce mot, agite le spectre rouge et foudroie l'humble supplique des Quarante-Cinq; ils trouvent que c'est magnifique! Survient la lettre du 19 janvier; ils la déclarent sublime. Ils votent la loi sur l'armée, ils étouffent la loi des réunions; ils approuvent toujours, partout et quand même. En 1860, nous livrons les Etats du pape à la révolution; en 1867, nous fusillons l'alliance italienne à Mentana... Contradiction inouïe, qu'importe! Ils ont applaudi au premier acte, ils applaudiront au dernier. S'il faut rompre un anneau de la lourde chaîne qui rive l'Etat à l'Eglise, ils sont prêts; s'il faut mettre les chassepots au service de l'Encyclique, ils sont prêts encore.

Prêts surtout à bâillonner tout ce qui parle, tout ce qui pense, tout ce qui s'agite, tout ce qui demande à être libre.

XIII

Ah! détournons les yeux de cet affligeant spectacle de notre servitude intérieure, et regardons au dehors, nous allons sans doute trouver, dans l'attitude de la France devant l'étranger, une éclatante compensation!

Probablement, toutes ces libertés, qui sont l'honneur, le droit, le patrimoine indivisible des citoyens, il a fallu les ajourner pour sauvegarder passagèrement un bien plus précieux encore : le prestige national, la gloire héréditaire, cet ensemble de nobles souvenirs qui remontent depuis la grande république jusqu'aux jours de la vieille monarchie, je n'excepte même pas le deuil honorable de Waterloo!

Hélas! quand nous perpétuerions, au profit d'une stérile prépondérance, des haines de nations à nations; quand nous forcerions les peuples, nos frères, à regarder de notre côté avec inquiétude; quand nous ferions trembler l'Europe, pourrions-nous être fiers et satisfaits, si nous tremblons nous-mêmes? et devant qui? Devant le garde champêtre, devant le maire, agents irresponsables de l'autorité, devant le commissaire, le sous-préfet et le préfet, agents irresponsables encore.

La gloire alors va nous consoler de l'indépendance et de la liberté perdues? Eh bien, voyons cette gloire dont nous nous sommes couverts; parcourons la carte de l'Europe.

A la Russie d'abord! Si nous avons, il y a quelque douze ans, avec le secours de l'Angleterre, affaibli

passagèrement la Russie dans la mer Noire, elle a bien
effacé depuis, sous nos yeux, malgré nous, toutes les
traces de sa défaite ; elle pèse d'un poids plus lourd
que jamais sur la Turquie, notre protégée ; elle a
ébranlé profondément la fidélité des Slaves de l'Autriche, notre compromettante alliée d'aujourd'hui ; elle
a, des débris sanglants de la Pologne, élevé la statue
monstrueuse du panslavisme, géant et ogre qui man-
gera toute l'Europe orientale ; elle a noué de si fortes
racines à Berlin, sur le Danube, en Grèce, qu'elle est
certainement plus forte qu'avant la chute de Malakoff.
N'avez-vous pas vu récemment encore quelques Cré-
tois, à peine armés, tenir tête aux forces de la Sublime-
Porte, grâce aux subsides, aux armes, aux secours de
la Russie, et témoigner de l'influence moscovite et du
peu de vitalité de notre œuvre de 1856? On peut dire
que le traité de Paris ne sera bientôt plus.

Nous ne faisons que des essais. Rien de complet.
Nous avons essayé de faire l'Italie, mais qui l'a faite ?
la Prusse. Les satisfaits ont eu cependant, à cette occasion, une nuit d'éblouissement, quand une dépêche,
placardée sur les murs des plus humbles villages, an-
nonça la cession de Venise à la France. Un véritable
éblouissement, la Bourse s'en souvient encore ! Ah ! ce
fut une amusante parodie de la gloire, et comme les
feux éphémères de la capitale ont bien représenté l'é-
clat de notre temps ! Nos députés, nos clairvoyants députés, durent être aveuglés par ces lampions qu'ils
prenaient sans doute pour le soleil de Louis XIV se
levant de nouveau sur l'Europe !

Mais quel lendemain !

Victor-Emmanuel ne pouvant recevoir Venise de
deux mains différentes, ne voulant la tenir que de la
guerre et de l'alliance prussienne, continue la campagne
jusque dans le pays de Trente ; François-Joseph, après
avoir boudé comme un enfant battu, traite à tout prix ;
et Venise, que nous avions prétendu donner à l'Italie
d'un coup de plume, lui échoit en réalité par le traité

austro-prussien, c'est-à-dire par un contrat où l'Empire français n'est point appelé à signer.

Eh bien, c'est égal, nos députés croient que l'illumination du 5 juillet dure encore!

XIV

Comme nous sommes loin déjà de cette fantasmagorie! Quels démentis les faits ont donné à notre présomption! Où est-il ce discours impérial devenu célèbre, par lequel nos députés apprirent un beau matin ce dont la France ne se serait jamais doutée elle-même, à savoir qu'un souverain français pouvait trouver la Prusse mal partagée? Deux mois ne sont pas écoulés, que nous consentons à ce que l'Autriche sorte de l'Allemagne, à ce que l'équilibre européen soit déplacé au profit exclusif de la Prusse. Le caractère hautain des exigences de M. de Bismark n'est pas dissimulé dans les dépêches de notre ambassadeur. Onze millions d'hommes sont donnés à la Prusse; nos tentatives pour former une confédération au sud du Mein sont déjouées et bafouées : *L'empire est fait* (l'empire germanique), l'autre décline. Il ne peut pas obtenir la mince, la misérable rectification de frontières qu'on lui avait, dit-on, quasi promise à Biarritz; il ne peut pas davantage acheter ce Luxembourg qu'il espérait, ô dérision! nous faire accepter comme compensation à l'accroissement démesuré de la Prusse!

Ne reste-il plus de fautes à commettre? Si, encore une, et on la commet : l'entrevue de Salzbourg a lieu, on fonde l'alliance franco-autrichienne! Beau calcul! si nous voulons grandir encore ce géant qui s'appuie d'un côté sur la Saxe et la Moselle, de l'autre sur le Niemen, nous n'avons qu'à laisser voir quelque penchant vers l'Autriche : il n'y aura plus qu'un seul cœur en Allemagne !

Nous restons seuls, nous sommes seuls.

Après tant de convulsions, d'agitations, de maladroites tentatives, de velléités avortées, mais doucement amnistiées par des votes béats, — nous restons isolés en Europe ! Ce fait est plein de périls ; au moment surtout où les intrigues de la Russie, la fermentation des Principautés, les rêves ambitieux du pacha d'Egypte semblent annoncer le réveil de la question d'Orient. Nos députés sont-ils satisfaits ? et se sentent-ils toujours à l'aise dans leurs approbations des défis irréfléchis, des soudaines reculades, du belliqueux discours d'Auxerre et de l'inquiète allocution d'Arras ! Peut-être !

XV

Et vous, électeurs de la Haute-Loire ?

Vous souvient-il encore de ce rivage lointain où dorment tant de nos frères ? Quel triomphant départ, quelle rentrée silencieuse ! J'entends à peine débarquer M. Bazaine, suivi de quelques malades, et gagner Paris sur la pointe du pied. Il faut pourtant célébrer ce retour ! Voyons, Monsieur le Chambellan, et vous, Monsieur le Questeur, je vous invite à un banquet que naturellement vous allez présider.. Tous les morts du Mexique vont s'y asseoir ; morts de fatigue, morts de faim, morts de soif, morts de la fièvre, morts du choléra, morts de la guerre (heureux ceux-là !). Vous,

Messieurs, vous portez la santé de l'empereur, je m'incline; mais, moi, je vous propose un toast :

Je bois à la mémoire d'un défunt, d'un défunt mille fois plus illustre et plus mort que tous ces convives; regardez-le gisant dans la boue, livide, fusillé, piétiné sous les talons mexicains... ce n'est pas l'archiduc : C'est l'antique honneur Français, c'est ce vieux et superbe chevalier aux armes sans tache; c'est lui qui a reçu cet immense soufflet, aussi grand que l'Atlantique, aussi sonore que l'ouragan. Il est mort sous le coup.

Rien n'est perdu, sauf l'honneur.

Ah ! mon glorieux pays, tu voulais rendre à la race latine sa force et son prestige, tu as vu quelle illusion? Mais au moins ne tends pas l'autre joue de ta face humiliée au bras teutonique!... Oui, nous savons que tu es brave et que tu as confiance en tes douze cent mille hommes. Ils ont encore le souffle et l'élan du patriotisme, mais es-tu bien sûr que dix-huit années de parades et de fêtes, de guerres lointaines et stériles n'aient pas entamé leur enthousiasme et leur virilité? Pour lui rendre sa force et son prestige à cette engeance latine, il faut autre chose que le cataplasme des loteries, des cantates et des congrégations, le Priapisme des cafés chantants, le *Pironisme* universel; autre chose que ces douze cent mille hommes arrachés au labourage et tenus de force au régiment; autre chose que le silence obligé des citoyens; il faut, ô savants politiques de l'Europe, le grand air, l'indépendance, la vie publique, l'ardeur du travail, l'amour de la justice et... la Liberté.

Ainsi donc, après la fuite du Mexique devant les sommations américaines, après la résignation forcée que nous impose Sadowa, après l'humiliante tentative du Luxembourg, après la tuerie de Mentana, Mentana!... le couronnement de l'édifice est une loi militaire impuissante et qui épouvante le pays.

Imaginons, si nous le pouvons sans frémir, un homme, un paysan, un industriel, dont le toit natal a été rasé par un Haussmann quelconque, dont le fils a été tué au Mexique, dont l'industrie est anéantie par ce je ne sais quoi d'inquiet et de mortel qui est dans l'air, dont le dernier fils est enregimenté dans les douze cent mille hommes, cet homme : c'est le pays, c'est la France...

Espérons encore, cet homme se prépare à voter!

PARIS, — IMPRIMERIE L. POUPART-DAVYL, RUE DU BAC, 30.